CHAMBRE DE COMMERCE DE LAVAL

EXTRAIT
DU REGISTRE DES DÉLIBÉRATIONS

Séance du 7 Septembre 1895

PROJET DE LOI

RELATIF

À l'organisation et au fonctionnement des Chambres de Commerce

RAPPORT

Présenté à la Chambre par M. Gustave DENIS

Président

LAVAL

IMPRIMERIE MODERNE, PROMENADES DE CHANGÉ

1895

CHAMBRE DE COMMERCE DE LAVAL

EXTRAIT

DU REGISTRE DES DÉLIBÉRATIONS

SÉANCE DU 7 SEPTEMBRE 1895

PROJET DE LOI

RELATIF

A l'organisation et au fonctionnement des Chambres de Commerce

RAPPORT

Présenté à la Chambre par M. Gustave DENIS

PRÉSIDENT

LAVAL

IMPRIMERIE MODERNE, PROMENADES DE CHANGÉ

1895

CHAMBRE DE COMMERCE DE LAVAL

Date de l'Election

MM. G. DENIS, ⚜ ✾, ancien sénateur, manufacturier à Fontaine-Daniel, président du Conseil général et président de la Chambre consultative des arts et manufactures de Mayenne, *Président.* . . . **1872**

L. LOUVARD, négociant, président de la Chambre syndicale des commerçants de l'arrondissement, à Château-Gontier, *Secrétaire.* **1878**

BRUNEAU-REBUFFÉ, ancien président du Tribunal de commerce de Laval. **1881**

B. CHAUVIN, fabricant de tissus, président du Conseil de Prud'hommes, à Laval, *Trésorier.* . **1888**

R. HENRY - COUANIER, conseiller d'arrondissement, membre de la Chambre consultative de Mayenne **1888**

C. LHOMER, ancien président du Tribunal de Commerce de Mayenne **1892**

V. FOURCAULT, ⚜, directeur des Ardoisières de Renazé. **1892**

J. OUTIN, négociant en vins, président du Tribunal de commerce de Laval **1892**

A. DUCHEMIN, manufacturier, juge au Tribunal de commerce de Laval **1895**

PROJET

Relatif à l'organisation et au fonctionnement des Chambres de Commerce

TITRE PREMIER

Organisation des Chambres de Commerce

ARTICLE PREMIER

Les Chambres de Commerce ont pour mission de représenter les intérêts commerciaux et industriels de leur circonscription.

Il y a au moins une Chambre de Commerce par département.

ART. 2

Les Chambre de Commerce sont intitulées par décrets rendus en la forme des règlements d'administration publique, sur la proposition du Ministre du Commerce, de l'Industrie, des Postes et des Télégraphes.

Le décret d'institution détermine la circonscription de chaque Chambre de Commerce.

Lorsqu'il n'y a dans un département qu'une Chambre de Commerce, sa circonscription s'étend sur tout le département.

ART. 3

Le préfet ou le sous-préfet, suivant les localités, est membre de droit de la Chambre de Commerce.

Il préside les séances auxquelles il assiste.

Les membres des Chambres de Commerce prennent rang dans les cérémonies publiques immédiatement après ceux des tribunaux de

Commerce. Le président de la Chambre viendra immédiatement après celui du tribunal.

ART. 4

Le nombre des membres des Chambres de Commerce est déterminé par le décret qui les institue.

Ce nombre ne peut en aucun cas être inférieur à 12 ni excéder 36.

ART. 5

Les fonctions des membres des Chambres de Commerce sont gratuites ; elles durent six ans ; le renouvellement a lieu par moitié tous les trois ans, dans le courant de décembre.

Pour la première élection qui suit la nomination générale, l'ordre de sortie est réglé par le sort.

ART. 6

Les membres qui s'abstiendraient de se rendre aux convocations pendant six mois, sans motif reconnu légitime par la Chambre, pourront être déclarés démissionnaires par le Ministre du Commerce, de l'Industrie, des Postes et des Télégraphes, sur la proposition du préfet. Ils seront remplacés au plus prochain renouvellement partiel.

Les autres vacances accidentelles seront également remplies au plus prochain renouvellement partiel.

ART. 7

Lorsqu'une Chambre de Commerce se trouve, par l'effet des vacances survenues pour une cause quelconque, réduite aux trois quarts de ses membres, il est, dans le délai de deux mois, à dater de la dernière vacance, procédé à des élections complémentaires.

Toutefois, dans l'année qui précède le renouvellement partiel, les élections complémentaires ne sont obligatoires qu'au cas où la Chambre de Commerce aurait perdu plus de la moitié de ses membres.

Tout membre élu dans ces conditions ne demeure en fonctions que pendant la durée du mandat qui avait été confié à son prédécesseur.

Les membres sortant sont rééligibles.

ART. 8

Les Chambres de Commerce nomment, tous les ans, parmi leurs membres, un président et, s'il y a lieu, un vice-président ; elles nomment également, parmi leurs membres, soit un secrétaire-trésorier, soit un secrétaire et un trésorier.

Ces nominations sont faites à la majorité absolue des membres en exercice. Exceptionnellement la Chambre de Commerce de Paris pourra nommer un second vice-président et un secrétaire adjoint.

ART. 9

Les Chambres de Commerce ne peuvent délibérer que si le nombre des membres présents égale au moins la moitié plus un de celui des membres en exercice.

Les délibérations sont prises à la majorité absolue des votants.

En cas de partage, la voix du président est prépondérante.

TITRE II

Attributions des Chambres de Commerce

ART. 10

Les Chambres de Commerce ont pour attributions :

1º De donner au Gouvernement les avis et les renseignements qui leur sont demandés sur les questions industrielles et commerciales ;

2º De présenter leurs vues sur les moyens d'accroître la prospérité de l'industrie et du commerce ;

3º D'entreprendre les travaux jugés nécessaires aux intérêts dont elles ont la garde, et d'administrer les services qu'elles ont créés en faveur de ces intérêts.

ART. 11

L'avis des Chambres de Commerce doit être demandé :

Sur les changements projetés dans la législation commerciale et douanière ;

Sur les créations dans leur circonscription de nouvelles Chambres de Commerce ;

Sur les créations de bourses de commerce et les établissements d'agents de change et courtiers maritimes dans leur circonscription ;

Sur les tarifs et règlements des services de transports concédés par l'autorité publique, et des établissements à l'usage du commerce, ouverts en vertu d'autorisations administratives ;

Sur les tarifs de douane intéressant leur circonscription ;

Sur les lois et règlements relatifs aux usages commerciaux, les tarifs et règlements de courtage maritime et de courtage en matières d'assurances maritimes, et sur la fixation des droits d'inscription, des droits de courtage et de vacation en ce qui concerne les courtiers de marchandises assermentés ;

Sur les créations des Tribunaux de commerce et des Conseils de prud'hommes dans leur circonscription ;

Sur l'établissement de succursales de la Banque de France ;

Sur les projets de travaux publics de leur région, qui intéressent le commerce ;

Sur les créations de canaux ou de chemins de fer d'intérêt local ou général ;

Sur les types des objets à fabriquer ou confectionner dans les établissements pénitentiaires de leur circonscription ;

Sur les modifications de tarifs de chemins de fer ;

Sur toutes matières qui seraient déterminées par des lois spéciales.

Chaque année, les Chambres de Commerce sont appelées à présenter au Ministre du Commerce, de l'Industrie, des Postes et des Télégraphes des propositions pour les emplois d'adjoints aux commissaires experts pour les affaires de douane.

ART. 12 [1]

Les Chambres de Commerce peuvent être autorisées, soit à fonder et administrer, soit à gérer des établissements à l'usage du commerce, tels que magasins généraux, salles de ventes publiques, entrepôts. outillages, bancs d'épreuve pour les armes, conditions, décreusage, titrage, musées commerciaux, écoles de commerce, écoles professionnelles, cours pour la propagation des connaissances commerciales et industrielles, expositions, entreprises de transport, etc.

L'administration de ceux de ces établissements qui ont été formés par l'initiative privée peut leur être remise d'après le vœu des souscripteurs ou donateurs.

Enfin cette administration peut leur être déléguée pour les établissements de même nature qui seraient créés par l'autorité.

---

[1] Il n'est pas fait mention dans ce projet des services concernant l'amélioration ou l'exploitation des ports et alimentés par la perception de péages locaux, la question ayant été réglée par la loi du 30 janvier 1893 sur la marine marchande.

Les autorisations nécessaires sont données à cet effet aux Chambres de Commerce par décision du Ministre du Commerce, de l'Industrie, des Postes et des Télégraphes, sauf dans les cas qui ont été réglés par une loi.

Les Chambres de Commerce déterminent, sous réserve de l'homologation du préfet, les tarifs et règlements des établissements qu'elles administrent, s'il n'en a pas été décidé autrement par des lois ou des dispositions spéciales.

Les Chambres de Commerce peuvent être autorisées par le Ministre du Commerce, de l'Industrie, des Postes et des Télégraphes à acquérir ou à construire des bâtiments pour leur propre installation ou celle d'établissements à l'usage du commerce.

Les Chambres de Commerce peuvent, par décret rendu en Conseil d'Etat, sur la proposition des ministres compétents, recevoir la concession d'une partie du domaine public. L'établissement, l'entretien ou l'exploitation de la totalité ou d'une partie des ports et quais peut leur être concédé dans la même forme. Une clause spéciale de l'acte de concession pourra en autoriser la rétrocession sous l'approbation ministérielle.

Les Chambres de Commerce peuvent délivrer les certificats d'origine pour les marchandises françaises destinées à l'exportation.

ART. 13

Les Chambres de Commerce délivrent les cartes de légitimation exigées des commis voyageurs en pays étranger.

ART. 14

La correspondance des Chambres de Commerce avec le Ministre du Commerce, de l'Industrie, des Postes et des Télégraphes est directe ; elles doivent lui donner communication immédiate des avis et réclamations qu'elles adresseraient aux autres Ministres, soit d'office, soit sur la demande qui leur en sera faite par les Départements ministériels compétents.

Les Chambres de Commerce transmettront, chaque année, au Ministre du Commerce, de l'Industrie, des Postes et des Télégraphes un compte rendu général de leurs travaux.

ART. 15

Dans les cas où les courtiers inscrits ne représenteraient pas suffi-

samment tous les genres de commerce ou d'opérations qui se prati-
quent sur la place, les Chambres de Commerce, après avis de la
Chambre syndicale des courtiers inscrits, peuvent décider qu'un
certain nombre de courtiers non inscrits et de négociants de la place
se réuniront aux courtiers inscrits pour concourir avec eux à la cons-
tatation du cours des marchandises. Elles fixent en ce cas le nombre
de courtiers non inscrits et de négociants de la place qui feront partie
de la réunion chargée de constater les cours, et les désignent.

ART. 16

Deux ou plusieurs Chambres de Commerce peuvent correspondre
entre elles et provoquer, par l'entremise de leurs présidents, une
entente sur les objets rentrant dans leurs attributions et intéressant à
la fois leurs circonscriptions respectives.

Elles peuvent, en outre, se réunir accidentellement en conférence
temporaire pour traiter de leurs intérêts communs. La Chambre de
Commerce qui aura pris l'initiative de la réunion devra préalablement
informer le Ministre du Commerce, de l'Industrie, des Postes et des
Télégraphes de la date, de la durée et de l'objet de la réunion.

Les préfets des départements où se trouve le siège des Chambres
de Commerce délibérantes, pourront toujours assister à ces confé-
rences.

Toute délibération portant sur des objets étrangers au but de la
réunion sera nulle et non avenue.

ART. 17

Les Chambres de Commerce peuvent publier le compte rendu de
leurs séances.

ART. 18

Quand il existe, dans une même ville, une Chambre de Commerce
et une Bourse, l'administration de la Bourse appartient à la Chambre,
sans préjudice des droits du maire et de la police municipale dans les
lieux publics.

Un arrêté préfectoral désignera le local affecté à la tenue des
Bourses de commerce.

TITRE III

Administration financière

ART. 19

Il est pourvu aux dépenses de premier établissement, d'entretien annuel et de réparation des Chambres de Commerce et des Bourses de commerce au moyen d'une imposition additionnelle au principal de la contribution des patentes, conformément à la loi du 23 juillet 1820, à l'article 4 de la loi du 14 juillet 1838, et à l'article 38 de la loi du 15 juillet 1880 sur les patentes.

ART. 20

Les Chambres de Commerce pourront être autorisées par le Ministre du Commerce, de l'Industrie, des Postes et des Télégraphes à contracter des emprunts en vue de la création de bourses, de palais consulaires, de lignes téléphoniques et des autres établissements spécifiés à l'article 12.

Il sera fait face au service de ces emprunts, ainsi qu'à l'excédent des dépenses d'entretien de ces établissements sur les recettes de leur exploitation, par des impositions analogues à celle indiquée à l'article 19, ou au moyen des péages ou des taxes d'usage prévus par les lois spéciales.

ART. 21

Le nombre des centimes additionnels à percevoir pour subvenir aux dépenses mentionnées aux articles 19 et 20 ne pourra excéder 10.

Lorsque le montant de la somme à demander à l'imposition exigera une contribution additionnelle supérieure à 10 centimes, le chiffre de ces centimes devra être fixé par décret spécial.

ART. 22

Deux ou plusieurs Chambres de Commerce peuvent, sous réserve de l'approbation ministérielle, se concerter en vue de créer, de subventionner ou d'entretenir des établissements, services ou travaux d'intérêt commun.

Elles pourront être autorisées à contracter, à cet effet, des emprunts collectifs, qui seront gagés, proportionnellement de la part contributive de chacune d'elles, par des centimes additionnels, des péages ou des taxes d'usage perçus dans les conditions prévues aux articles 20 et 21.

ART. 23.

Les emprunts que les Chambres de Commerce seront admises à souscrire, aux termes des articles 20, 21 et 22, peuvent être réalisés, soit avec publicité et concurrence, soit de gré à gré, soit par voie de souscription publique, avec faculté d'émettre des obligations au porteur ou transmissibles par endossement, soit directement auprès de la Caisse des dépôts et consignations ou du Crédit foncier de France, aux conditions de ces établissements.

Ces emprunts seront toujours remboursables par anticipation.

ART. 24

Indépendamment du budget relatif aux dépenses ordinaires de leur entretien, les Chambres de Commerce établissent des budgets spéciaux pour les services qu'elles administrent.

Dans les six premiers mois de chaque année, elles adressent le compte rendu des recettes et des dépenses de l'année précédente et le projet de budget des recettes et des dépenses de l'année suivante au préfet de leur département qui les approuve, si le total des dépenses prévues au budget n'est pas supérieur au chiffre des crédits autorisés pour l'exercice antérieur. Dans le cas contraire, ces pièces de comptabilité sont transmises au Ministre du Commerce, de l'Industrie, des Postes et des Télégraphes, auquel il appartient de statuer.

En dehors des justifications à joindre à l'appui de leurs comptes, les Chambres de Commerce adresseront, chaque année, au Ministre du Commerce, de l'Industrie, des Postes et des Télégraphes un tableau d'amortissement des emprunts qu'elles auront été autorisées à contracter.

ART. 25

Sont et demeurent abrogés les décrets, ordonnances et règlements antérieurs, en ce qu'ils ont de contraire aux dispositions du présent projet.

RAPPORT

Présenté par **M. Gustave DENIS**, Président

sur le

PROJET DE LOI

Relatif à l'organisation et au fonctionnement des Chambres de Commerce

Messieurs,

La Chambre de Commerce de Laval s'est toujours montrée favorable à l'extension des pouvoirs des Chambres de Commerce et, notamment, à l'inscription dans une loi du droit pour ces assemblées de se réunir et de correspondre entre elles. Les intérêts commerciaux se sont développés, les principes de notre législation sont devenus de plus en plus libéraux et l'on comprendrait difficilement aujourd'hui que les Chambres de Commerce ne jouissent pas des mêmes droits que les Syndicats institués par la loi de 1884.

D'un autre côté, le lien officiel qui rattache les Chambres de Commerce au Gouvernement et la nécessité d'assurer le bon fonctionnement des rouages de notre administration commerciale et industrielle, motivent certaines précautions que nous aurons l'occasion d'indiquer par la suite, mais nous ne pouvons qu'applaudir à l'initiative qu'a prise M. le Ministre du Commerce en rédigeant le projet de loi sur lequel il a bien voulu nous consulter.

Voici les observations que nous croyons devoir présenter sur les divers articles de ce projet :

Article premier. — Le second paragraphe de cet article établissant une Chambre de Commerce au moins par département nous paraît devoir soulever quelques objections.

Il y a sans doute des intérêts commerciaux dans tous les départements, mais ils sont souvent peu importants et c'est ainsi que vingt-quatre départements non pourvus de Chambres de Commerce, n'ont pas cru devoir réclamer jusqu'ici. Un département purement agricole se contentera d'une Chambre d'Agriculture et nous ne voyons pas pourquoi les contribuables commerçants seraient obligés de faire les frais d'une Chambre de Commerce dont ils n'éprouvent pas le besoin. De plus, ces nouvelles Chambres, établies sous le régime de l'obligation dans un pays dépourvu d'industrie et de commerce, viendraient cependant faire nombre, avec une compétence parfois insuffisante, dans les consultations que pourraient motiver les grandes questions économiques intéressant surtout les régions et les populations industrielles.

Nous préférerions une rédaction moins impérative permettant au Gouvernement de ne créer de nouvelles Chambres de Commerce que là où leur utilité serait démontrée.

Art. 2. — Pas d'observation.

Art. 3. — C'est une excellente disposition que celle qui établit un lien intime entre le représentant du Gouvernement et la Chambre de Commerce et il est naturel que le Préfet ou le Sous-Préfet préside la séance à laquelle il assiste. Nous pensons, toutefois, avec d'autres Chambres, que le Préfet ou le Sous-Préfet ne doit avoir que voix consultative et qu'il serait utile de le dire dans la loi.

Art. 4. — Nous ne sommes pas partisan de l'innovation par suite de laquelle le chiffre minimum des membres serait de douze. Beaucoup de Chambres composées de neuf membres sont assez nombreuses et les affaires y sont expédiées aussi promptement que dans les Chambres comptant un plus grand nombre de membres.

Art. 5. — Le renouvellement par tiers tous les deux ans a sans doute l'inconvénient de provoquer plus souvent des élections, mais il a donné jusqu'ici de bons résultats, il est plus favorable au maintien des traditions que le renouvellement par moitié et la place des membres décédés ou démissionnaires est moins longtemps vacante. Nous demandons que le renouvellement par tiers tous les deux ans soit conservé.

Art. 6, 7, 8, 9, 10. — Pas d'observation.

Art. 11. — Parmi les diverses questions qui doivent être soumises à l'examen des Chambres de Commerce, il nous a semblé qu'il pouvait être fait un choix de manière à les diviser en trois catégories :

1º Les questions locales sur lesquelles les Chambres de Commerce pourraient prendre des décisions définitives telles que créations de bourses de commerce et de conseils de prudhommes, établissements d'agents de change et de courtiers dans leur circonscription ;

2º Les questions pour lesquelles la consultation des Chambres de Commerce serait obligatoire telles que les changements dans la législation commerciale et douanière, les lois et règlements relatifs aux usages commerciaux, les créations de tribunaux de commerce, les modifications de tarifs de transport, les types des objets à fabriquer dans les établissements pénitentiaires, etc. ;

3º Les questions d'intérêt général pour lesquelles l'avis des Chambres de Commerce devrait être habituellement demandé, mais ne serait pas déclaré obligatoire en raison du retard qui résulterait de cette consultation et qui pourrait, en certains cas, être nuisible.

Art. 12, 13, 14, 15. — Pas d'observation.

Art. 16. — Nous ne pouvons qu'approuver l'autorisation de correspondre entre elles accordée aux Chambres de Commerce ainsi que l'inscription, dans le second paragraphe, du droit pour les Chambres de se réunir au siège de l'une d'elles. Cette dernière disposition est conforme au vœu exprimé à plusieurs reprises par votre assemblée, mais vous avez toujours considéré que c'était par mesure exceptionnelle et pour l'examen de questions importantes que ce droit devrait être exercé ; les questions ordinaires et de détail peuvent se régler par l'échange des délibérations ou par correspondance.

Il importe de remarquer que les intérêts industriels ou commerciaux des diverses régions sont parfois contradictoires et, au moment où l'on veut augmenter les libertés des Chambres de Commerce, il y a lieu d'entourer ces nouvelles mesures des précautions nécessaires pour éviter que certaines Chambres, plus puissantes ou plus remuantes que d'autres, n'en abusent et ne transforment une disposition libérale en un moyen d'oppression. Suffira-t-il, par exemple, qu'une seule Chambre veuille provoquer une réunion générale de toutes les Chambres de France pour que cette réunion ait lieu, ou ne serait-il pas plus sage de n'autoriser ces congrès que sur la demande d'un certain nombre de Chambres ? N'y aura-t-il pas lieu aussi de distinguer entre les congrès nationaux et les congrès régionaux pour lesquels des règles différentes pourraient être adoptées ? Enfin ne faudrait-il pas régler d'avance le nombre des délégués que chaque Chambre devra envoyer dans ces congrès ?

Il nous paraît nécessaire en effet de procéder par délégations ; on ne saurait admettre des réunions plénières de tous les membres des Chambres de Commerce ; d'une part elles seraient beaucoup trop nombreuses si tout le monde s'y rendait et, d'autre part, elles donneraient toujours l'avantage du nombre à la Chambre de la ville où se tiendrait le congrès. Les délégations pourraient se composer de deux membres pour les petites Chambres, de trois pour les moyennes et de quatre pour les grandes. On formerait ainsi des congrès suffisamment nombreux, car ils compteraient plusieurs centaines de membres.

Nous rappellerons en terminant qu'un Conseil supérieur du Commerce et de l'Industrie a été institué pour étudier sous la présidence du Ministre les grandes questions commerciales et qu'il est placé dans des conditions plus favorables que la plupart des Chambres de Commerce pour mener à bien ces importants travaux. Toutes les grandes Chambres de Commerce y sont représentées et peuvent y faire valoir les intérêts de leur région. Il en sera ainsi surtout lorsque ce Conseil aura été réorganisé et que des éléments électifs y auront été introduits en plus grand nombre. On pourrait même se demander si les congrès de Chambres de Commerce ne seront pas rendus inutiles par l'organisation d'un Conseil supérieur du Commerce et de l'Industrie dont, pour la plus grande partie, les membres seraient élus par les patentés des diverses régions de la France. Si une loi doit prochainement modifier dans ce sens l'organisation du Conseil supérieur, il y aurait intérêt à la présenter en même temps que le projet relatif aux Chambres de Commerce.

ART. 17, 18, 19, 20, 21, 22, 23, 24, 25. — Pas d'observation.

Sous le bénéfice des observations qui précèdent, nous vous proposons d'approuver le principe du projet de loi que nous venons d'examiner et de remercier M. le Ministre de sa sollicitude pour les intérêts des Chambres de Commerce.

La Chambre de Commerce, après avoir délibéré sur le Rapport qui vient de lui être soumis, lui donne son approbation, en adopte à l'unanimité les termes et conclusions ;

Décide qu'il sera adressé à M. le Ministre du Commerce, de l'Industrie, des Postes et des Télégraphes ; à M. le Ministre des Finances ; à MM. les Sénateurs, Députés et Conseillers Généraux de la Mayenne, et à toutes les Chambres de Commerce.

Le Président,

Gustave DENIS.

Le Secrétaire,

L. LOUVARD.

Imprimerie Moderne, Promenades de Changé, Laval.

www.ingramcontent.com/pod-product-compliance
Lightning Source LLC
Chambersburg PA
CBHW051320050726
47595CB00008B/3632